SECONDE LETTRE

A

MONSIEUR DE LAVAU,

PRÉFET DE POLICE.

IMPRIMERIE DE CONSTANT-CHANTPIE,

Rue Sainte-Anne, n° 20.

SECONDE LETTRE

A

MONSIEUR DE LAVAU,

PRÉFET DE POLICE.

PAR M. CAUCHOIS-LEMAIRE.

> Qui pourrait résister à l'éloquence des
> cachots et des verroux ?
>
> MIRABEAU. — *Lettres de Cachet.*

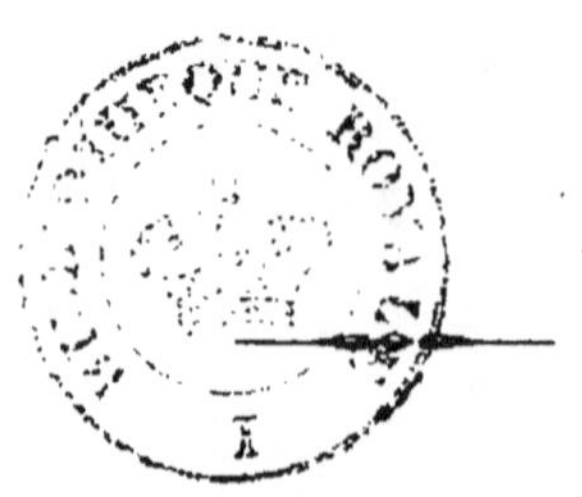

PARIS,

CHEZ LES MARCHANDS DE NOUVEAUTÉS.

1822

N. B. La première lettre est du mois d'août 1821. Elle est adressée à M. de Lavau, alors président de la cour d'assises, et à M. Ravignan, alors avocat général.

SECONDE LETTRE

A

MONSIEUR DE LAVAU,

PRÉFET DE POLICE.

Sainte-Pélagie, 26 mai 1822.

COMMENT vous éviter, Monsieur? Comment, dans cette vaste capitale, se soustraire aux rapports que tant de personnes sont peu jalouses d'avoir avec vous? L'utile emploi qui entretient la salubrité dans une ville populeuse n'est aujourd'hui que la moindre branche de votre administration. Une foule de lieux publics dont il ne conviendrait pas à tout le monde d'accepter la surveillance rentrent dans le domaine qui vous est dévolu. Ce n'est pas assez pour vous cependant. Invisible et présent, vous êtes à la fois aux spectacles, aux écoles publiques, aux pacifiques promenades; les collèges électoraux n'échappent point à votre vigilance; vous atteignez les ministres d'état; et l'Église vous admire tantôt, en personne, sous l'habit d'un fidèle humblement prosterné au pied du sanctuaire, tantôt, par représentant, sous l'uniforme guerrier, le sabre à la main, en faction auprès de la chaire où prêchent les successeurs de Fénélon. Il semble du moins que la prison qui séquestre un malheureux du monde entier devrait le dérober à vos regards; et c'est là au contraire qu'est la plus importante et la plus chère portion de votre empire; c'est là que s'exerce votre puissance dans toute sa plénitude; c'est là enfin que, par une destinée singulière, le magistrat qui m'a suivi de session en session, de jury en jury jusqu'à ma condamnation, me retrouve et me suit encore de guichet en guichet, de cachot en cachot. Je rencontre mon geolier dans mon juge; et je puis me croire revenu à ce bon temps où ceux qui avaient prononcé la sentence d'un accusé assistaient à son supplice.

Cependant le jour, où de la présidence d'une cour d'assises vous descendîtes à la préfecture de police, en ferai-je l'aveu? je cédai à un mouvement de joie un peu personnelle : j'aurais dû en être fâché pour vous; j'en fus bien aise pour moi. Je me figurai que vos souvenirs, que vos regrets peut-être me vaudraient quelqu'adoucissement à ma peine. La conscience de M. de Lavau, me disais-je, est suffisamment éclairée par deux arrêts que pour tous les trésors de la police je ne voudrais pas avoir encourus ; le temps écoulé depuis l'erreur grave où la précipitation a entraîné le tribunal qu'il présidait, doit avoir élevé dans son âme des scrupules sur l'autre partie du jugement prononcé de nuit, pendant une session de vingt-quatre heures ouverte et fermée pour un seul prévenu politique, à l'aide d'un jury composé en partie d'hommes salariés par le pouvoir, en totalité d'hommes choisis par mes accusateurs ; d'un jury qui n'a pu m'être imposé que par une double innovation dans la procédure judiciaire et par un manquement de parole de la part d'un magistrat ; d'un jury contre lequel j'ai protesté, au moment du scrutin, par le refus formel d'exercer le droit illusoire qu'on me laissait. (1) Tant de circonstances, que l'impartialité expliquera difficilement, éveilleront, poursuivais-je, dans l'âme timorée de M. de Lavau, des inquiétudes sur la justice du châtiment qui m'est infligé. Ré-

____

(1) Voir, pour le manquement de parole, *la Lettre adressée à MM. de Lavau et Ravignan*, et pour la composition du jury, la dernière page de cette brochure.

duit à la cruelle impossibilité de revenir sur le passé, il allégera du moins ma situation présente; et qui sait? mes compagnons d'infortune verront peut-être aussi leur captivité perdre de ses rigueurs. Mon imagination, échauffée par les sentimens que je vous supposais, Monsieur, brodait ce roman philantropique d'épisodes qui vous paraîtront bien puérils : je vous voyais ouvrant la porte à des pères de famille, gens du peuple, et dès-lors fidèles à de glorieux souvenirs, qui pour ne pas les avoir oubliés assez tôt, pour les avoir rappelés par quelques paroles, sont chargés de chaînes pendant un lustre entier; je vous voyais réduisant aux deux années qui expirent les quatre ans dont on a puni l'auteur de quatre lignes contre les Suisses : symétrie d'une espèce nouvelle! Pour les autres captifs, vous laissiez du moins l'espérance, cette douce compagne du malheur, se glisser à travers leurs barreaux et s'asseoir sur leur couche solitaire. Je ne me croyais pas moi-même à l'abri de ces faveurs, dont la santé est le prétexte, dont l'équité est le motif, et je m'armais d'avance contre votre générosité de toute mon innocence et de toute ma vertu; mais vous avez su, Monsieur, me dispenser de cette sorte de courage, et vous m'avez déclaré une guerre dans laquelle je suis plus sûr de moi.

Dès que le sceptre de la préfecture vous échut, quel changement s'opéra dans cette partie de votre gouvernement, que j'habite en vertu d'un arrêt émané de votre bouche! Les amis des prisonniers furent bannis de nos chambres transformées en secrets ; leurs amis, je le répète, car l'amitié leur resta plus opiniâtre que la persécution. Les femmes comprises d'abord dans le même exil, n'obtinrent la grâce de pénétrer en prison qu'en apportant leurs contrats de mariage; car vos agens, Monsieur, chargés de percevoir le droit que payent ces maisons patentées, qu'on indique assez en ne les nommant pas, vos agens se montrent plus inexorables que le divin protecteur de Madeleine. Des grandes mesures, on passa aux petites ; et sur ce point, le génie des concierges est inépuisable, une fois qu'ils savent que c'est un moyen de plaire à l'autorité. Les lettres furent ouvertes, et les secrets de famille livrés à la plus infâme des polices, à la police des prisons; les guichetiers, leur chef en tête, la torche au poing, la massue ou, si l'on veut, la sonde de fer sur l'épaule, le trousseau de clefs à la ceinture, multiplièrent les campagnes extérieures et intérieures, et les surprises de nuit; le jour, on ravit aux prisonniers la triste consolation de la solitude, et leurs portes, continuellement entr'ouvertes, les exposent à chaque minute aux investigations des délateurs et aux ignobles caprices de la curiosité. Un simple rideau, qui assurément n'opposait pas de résistance, fut arraché ; et dans ces cellules étroites et longues, on n'a pour alternative qu'une chaleur étouffante ou un courant d'air perpétuel. Mais qui pourrait nombrer cette multitude de vexations de détails qu'on a si bien comparées à des coups d'épingles, et qui deviennent plus insupportables qu'une grande douleur d'un moment ? En vain alléguceriez-vous, monsieur, l'excuse ordinaire aux hommes du pouvoir, et voudriez-vous rejeter la responsabilité sur vos subalternes. Ce qui n'était pas avant vous, ce qui est depuis vous, vient de vous ; et les subalternes sont ce que les fait leur Supérieur.

Cette dernière expression doit vous plaire, monsieur ; elle appartient au vocabulaire religieux que médite maintenant votre ami M. de Ravignan ; et cette digression, dans laquelle un mot m'a inopinément jeté, rappelle un contraste bien remarquable dans la vocation de deux hommes qu'un moment, il m'en souvient, j'ai vu parcourant la même carrière. Si, au milieu de fonctions si opposées, vous vous rencontrez quelquefois, obligez-moi, monsieur, de vous enquérir auprès de vôtre ancien collègue de ce qu'est devenu le volume des *Opuscules* qu'il a si complaisamment remis à MM. les jurés, après l'avoir enrichi de notes marginales. Si ce n'était pas abuser de sa bonté et de la vôtre, je serais curieux encore de savoir à quels endroits du texte ces notes servaient de commentaires, et si, comme le réquisitoire, elles portaient presqu'exclusivement sur des articles prescrits dont le jury n'avait pas droit de connaître. Signalaient-elles à quelqu'ami de M. Bellart ce que je dis à l'occasion de M. Bavoux? Dénonçaient-elles la censure d'un ministre à quelqu'employé de ses bureaux? Donnaient-elles à des phrases qu'on n'aurait pas remarquées quelqu'ingénieuse application? Etablissaient-elles d'adroits rapprochemens entre l'écrit déféré à la cour et tel autre qui ne l'était pas? Fixaient-elles les regards de celui-ci sur le passage où j'ose blâmer la violation du secret des lettres? Les yeux de celui-là sur ce que j'appelle le crime de solliciter l'intervention étrangère? De cet autre sur le chapitre du gouvernement occulte? Et faisaient-elles ensorte que le parent d'un général vendéen ouvrit le livre précisément à la page où commence l'histoire secrète de la Vendée? Ces questions, monsieur, sont toutes naturelles après le discours du ministère public et après le résumé du président, qui soumit le *volume entier* à l'examen des jurés, et ne leur indiqua que par le mot *notamment* les phrases incriminées, les seules sur lesquelles il leur fut permis de prononcer. S'ils ont porté leur verdict d'après le volume entier, comme vous les avez invités à le faire, ils m'ont condamné sur ce qu'il leur était interdit de juger, et *notamment* sur un écrit déjà jugé, déjà déclaré innocent par un premier verdict. Quoiqu'il en soit, monsieur, dites bien à votre ami, qui aujourd'hui doit avoir besoin de cette assurance, dites-lui bien que je lui pardonne et ses apostilles secrètes, et l'aigreur de son accusation publique, et les rigueurs que j'endure dans le séjour des voleurs, moi qui n'ai rien pris à personne, et *notamment* la saisie de ces vingt mille francs que, la main sur la conscience et les yeux au ciel, il implorait de la justice de la cour; de ces vingt mille francs qui ont un malheureux rapport de quotité avec la somme qu'Alceste sacrifie volontiers au plaisir de voir si les hommes

Seront assez méchans, scélérats et pervers,
Pour lui faire injustice aux yeux de l'univers,

et qui le fait s'écrier encore dans son rude et vertueux langage :

Je me verrai trahir, mettre en pièces, voler !....

Mais, par un chemin aussi imprévu que le détour qui m'y a conduit, je me retrouve dans mon sujet, puisqu'en effet, monsieur, c'est une sortie semblable à celle du Misanthrope, c'est une allusion à des vers que vous avez peut-être lus avant cette citation, c'est un mot enfin emprunté à un chef-d'œuvre qu'on n'a point encore banni de la scène française, qui m'a valu le petit procès où vos agens ont rempli les fonctions d'accusateurs, et où vous avez été tout à la fois juge et partie, comme l'étaient jadis les seigneurs à l'égard des vilains. Cette vieille coutume peut avoir son mérite; mais comme elle n'est pas rétablie, que je sache, permettez-moi de considérer comme peu fidèle le témoignage du concierge, je ne dis pas du geolier, et le rapport de votre inspecteur, je ne dis pas de votre espion; et daignez entendre la défense, après avoir préalablement fait exécuter l'arrêt qui pourrait bien être cassé par le tribunal suprême auquel cette épître soumet mon pourvoi.

J'étais, suivant mon habitude, fort paisiblement occupé dans ma chambre; j'écrivais des lettres de remercîmens aux personnes qui ont fourni le cautionnement que vous avez confisqué et dont la restitution venait d'avoir lieu, lorsqu'une rumeur soudaine répandit l'alarme dans la prison. J'entends ouvrir ma porte, et je vois entrer plusieurs prisonniers, qui m'annoncent qu'on vient les enlever, qu'on va les transférer dans la partie du batiment habitée par les voleurs, et qu'une fois sous le même régime, ils peuvent, d'un moment à l'autre, être déportés à la maison de Poissy; et cette maison, où la santé et la vie même sont en péril, est un lieu redoutable aux derniers criminels. Je suis prié avec instance d'intercéder auprès du concierge. J'écris sur-le-champ un mot où je demande la communication d'un ordre qui déroge aux réglemens (1). Le concierge monte accompagné de l'inspecteur David. La communication de l'ordre est refusée. On ajoute que la mesure ne m'étant pas appliquée, j'ai tort de me mêler de ce qui ne me regarde pas. Je réponds que dans une situa-

____

(1) Votre *Gazette*, monsieur, dit que je me suis attiré, par une infraction au règlement, le traitement dont je me plains; votre *Gazette* dit un mensonge, et un mensonge que la position où je me trouve rend odieux. J'ai réclamé, au contraire, contre une infraction, loin d'en commettre une; et j'ai invoqué le règlement, loin de le violer. Je suis au *demi-secret* pour les menus plaisirs de votre amour-propre, monsieur, vous le savez bien, et votre *Gazette* doit le savoir.

tion commune tout est commun; et que si le ré-
glement est violé à l'égard de l'un aujourd'hui, il
peut l'être demain à l'égard de l'autre; j'ajoute
que l'ordonnance de police n'étant plus elle-
même une garantie, nous ne pouvons compter
sur rien; qu'on peut faire de nuit irruption dans
nos chambres, comme la chose est arrivée déjà;
et que la progression du zèle ou du ressentiment
n'a plus de limites. Le caractère de M. de Lavau,
a-t-on répliqué alors, ne permet pas de conce-
voir aucune crainte de cette nature. Je suis d'un
autre avis, ai-je répliqué à mon tour, je vous l'a-
voue franchement, monsieur, je suis d'un autre
avis, et le caractère de M. de Lavau rassure fort
peu les personnes, qui ne partagent pas ses opi-
nions politiques. Les geoliers et les gens de police ont, pour croire à son patronage, des raisons que nous n'avons pas. Et comme l'affaire du
cautionnement était encore toute vive, elle me
revint en mémoire, et je la citai pour exemple
de ce qu'on pouvait appréhender d'un pareil juge,
devenu chef de la basse préfecture; et fort des
termes de la cour suprême, fort du droit que
j'avais de parler librement dans un lieu non public, je n'appelai votre sentence, monsieur, ni
une saisie, ni une confiscation; je me servis de
l'expression analogue qu'emploie Alceste, comme

je vous l'ai dit, à l'occasion des vingt mille francs que lui avait coûté le privilége de rompre en visière à tout le genre humain. Du reste, je ne dis pas un mot du *Jardin des Plantes* ; et je montrai en cela que je ne redoutais pas tout ce qui était possible. Je m'abstins même de répéter, après M. de Châteaubriand, que *les hommes consacrés à la police sont ordinairement peu estimables*, et que *quelques-uns d'entr'eux sont capables de tout* (1). Cette retenue devait me faire trouver grâce à vos yeux. Mais le concierge et M. David étaient là. M. David, après trente ans d'honorables services, savait que sa place était promise et obtenue ; le concierge, après vingt-huit années de dévouement, tremble de perdre la sienne, qu'il sait être ardemment convoitée. Jugez dans quel guêpier je m'étais fourré ! Mon dire, qui est celui de chacun, devint un blasphême, un cas pendable. Monsieur David qui, comme monsieur Le Bon, a peut-être quatre enfans à nourrir, était enchanté de trouver matière à un exploit de sa façon, et de finir, comme on dit, au champ d'honneur ; le concierge

---

(1) *Mélanges de Politique*, par M. le vicomte de Châteaubriand, pair de France. IIe partie, p. 630.

cierge, ne voulant pas être surpassé, se chargea du bulletin, et tous les deux se mirent à l'œuvre en hommes qui prétendaient, l'un gagner, l'autre grossir la pension de retraite; et de cette double inspiration, nourrie, fomentée dans le silence et les ténèbres, naquit le lendemain matin le *factum* qui vous fut remis sans doute à votre lever. Ces messieurs se gardèrent bien de m'avertir qu'ils allaient verbaliser; moins charitables dans l'exercice de leur emploi que M. Loyal, ils verbalisèrent *incognito*; et, pour jouer sur le mot, à l'exemple de Molière, ce fut, à mon sens, un trait fort déloyal.

Et comment nommerai-je, monsieur, l'acte qui émana de vous sur ce rapport clandestin? Les termes de la langue vont me manquer pour exprimer avec convenance le genre de peine qui vous a le plus souri, et dont M. David, sans doute, vous a fourni l'idée. Il existe à Ste-Pélagie, au plus haut étage, sous les toîts, une chambre que la chaleur, dans cette saison, et la malpropreté en tout temps, distinguent de toutes les autres; cette chambre est celle où couchent les *garçons de prison*; c'est tout dire en un mot. Là, monsieur, je subis un supplice dont l'invention a bien pu vous être agréable, mais que le bon goût ne me permet pas de désigner aussi clairement qu'on l'a

expliqué ici de votre part. C'est encore à Molière
que je vous renverrai, monsieur, pour laisser
entendre ce que je ne saurais dire, et ce que
vous avez su vouloir : dans le domicile qu'il vous a
plu de m'élire, et où je vous suppose un instant
à ma place, vous auriez pour vous mettre en co-
lère, monsieur, mille fois plus de raisons que
n'en avait monsieur Tartulfe en faisant sa prière.
Il faut l'imaginative d'un homme de police pour
trouver ces gentillesses !

La sentence proclamée, les exécuteurs sont
venus chercher la victime. Elle avait recom-
mandé à ceux dont elle venait de prendre la défense de se soumettre pour ne pas empirer leur
sort : elle suivit pour elle-même une conduite
différente. Oui, monsieur, en butte à cette petite
vengeance, je ne me départis point des principes
qui m'ont guidé dans de plus graves occasions :
je protestai, je refusai d'obtempérer, par aucun
acte de ma volonté, à une mesure arbitraire, et
j'opposai non la résistance active, mais la résistance morale, l'inertie. Il fallut me porter. Les
garçons me prirent donc entre leurs bras et me
déposèrent dans leur habitation. Cela peut vous
faire rire, monsieur ; mais si, en France, il fallait
porter tous ceux que l'injustice atteint, s'ils ne
marchaient pas d'eux-mêmes, cette pacifique résistance ne paraîtrait risible ni à vous ni aux vô-

tres, et tout rentrerait bientôt dans l'ordre légal.

Me voici donc exilé du cachot qu'illustrèrent Béranger et le vigneron Paul-Louis. Je ne méritais pas sans doute d'occuper la place où veillait savamment ce profond helleniste, imitateur original de l'ingénieuse naïveté de nos pères; où chantait gaiement, en vers sublimes, ce poëte de la France dont les accens se redisent comme autrefois ceux d'Homère : vous m'avez logé, moi, pauvre auteur, dans un grenier : c'est un sarcasme en action à l'usage de ceux qui ne sont que les plus forts : c'est votre réponse enfin à quelques épigrammes; aussi ne me plaindrais-je pas de cette plaisanterie de préfecture, si, à d'autres égards, le choix du lieu n'en faisait un outrage et une contre-vérité sanglante.

Quoi, monsieur, je remplace ici des valets et des voleurs! Ah! ce n'était pas moi qu'il fallait confondre avec eux. Je n'ai jamais rampé bassement aux pieds de la puissance; je n'ai jamais pris à l'école d'un maître des leçons pour en servir un autre; je n'ai obéi aux passions de qui que ce soit. Loin d'être parvenu à la fortune par de lâches complaisances, j'ai perdu ce que je possédais à défendre les opprimés. Dans ma patrie, en exil, en prison, j'ai lutté en faveur du plus faible : est-ce donc là, monsieur, le métier d'un valet ?

Quel renversement de choses et d'idées, bon Dieu! Si un inconnu, si un étranger entrait tout-à-coup dans ce triste séjour, ne croirait-il pas, à l'aspect de ces murs, de ce réduit secret, de cette triple porte, de ce gardien qui veille sur moi, ne croirait-il pas qu'il a devant les yeux quelque grand criminel, un homme qui a versé le sang de ses concitoyens ou qui au moins a dévalisé des diligences?

Mais, monsieur, je suis le moindre exemple de ces contresens qui épouvantent la morale publique. Ici tout est frappé d'un sceau uniforme de réprobation : la faute et le délit, le mouvement irréfléchi et l'acte prémédité, l'infamie et l'indigence, le premier excès d'une jeunesse passionnée, et la longue habitude de la dépravation. Ces maisons, où tout devrait inspirer l'effroi du vice et le retour à la vertu, sont autant d'écoles où l'on apprend à les confondre et à se repentir d'une erreur cruellement punie à la vue du crime traité moins sévèrement. Celui-ci conserve l'espoir souvent réalisé du pardon ou d'un sort moins rigoureux que celle-là n'obtient presque jamais. Le délit politique est irrémissible quand l'assassinat même ne l'est pas ; et cette réponse a plus d'une fois accueilli les sollicitations des prisonniers d'état : *Je ne puis rien ; mieux vaudrait que vous fussiez détenu pour vol.* C'est ainsi que sous votre administration, monsieur, on entend le système des classes et des catégories. Quelles leçons pour le pauvre qu'un instant d'ivresse, qu'un seul mot échappé rend le compagnon de gens qui, du moins, ont au même prix couru la chance de faire fortune ! Aussi combien arrivent sous le nom de séditieux avec leur probité, et sortent corrompus pour revenir coupables ! Pensez-vous, monsieur, que ce spectacle soit indigne de votre sollicitude ? Pensez-vous qu'il fût moins urgent de rétablir l'ordre à la *détention* (1), que de le troubler au *corridor rouge* (2) ?

Lorsqu'après la défaite électorale, vous envoyâtes vos lieutenans en mission à Ste.-Pélagie, ils s'adressèrent à chacun de nous d'une voix mielleuse : *Vous trouvez-vous bien ? Votre santé souffre-t-elle ? N'avez-vous point de plaintes à porter ? A-t-on pour vous des égards ?* Telles furent leurs questions ; et cependant ils promenaient partout un œil scrutateur.

(1 et 2) On appelle la *Détention* la partie de la prison affectée à tous les délits non politiques. Le *Corridor rouge*, au contraire, était spécialement consacré aux délits politiques, avant votre avénement, monsieur.

Le lendemain, sur votre ordre, on vient faire la scène qui nous met de nouveau en correspondance. Que vous ont donc rapporté vos émissaires ? Personne ne s'étant plaint à eux, autant par dignité que par prudence, ils jugèrent sans doute que notre situation était trop douce. Si je suis bien informé, quelques tableaux qui transportaient en prison l'image du moins de l'espace et de la liberté, quelques fleurs dont le parfum dissimulait les exhalaisons du lieu, un papier sous lequel les murs disparaissaient à la vue, illusion que le moindre mouvement avait bientôt détruite ! toutes ces innocentes distractions, fruits du loisir, œuvres de la captivité ou gages de souvenance, parurent un luxe asiatique aux regards offusqués de ces hommes si compatissans, si affables dans leur langage. A la description de ce paradis terrestre qu'on appelle prison, toute votre police s'émut, et vous fûtes, dit-on, scandalisé d'un tel excès de bonheur. Que ne l'avez-vous été au point de nous traiter comme Tacite raconte que l'on traita un Romain exilé à Lesbos ? « On fut averti qu'il s'y donnait du » bon temps : parquoi, dit Montaigne qui cite » ce trait, ils se ravisèrent de le rappeler en sa » maison, et lui ordonnèrent de s'y tenir pour » accommoder leur punition à son ressentiment.»

Si nous sommes trop bien ici, qu'on nous renvoie chez nous, monsieur, pour nous punir.

Je n'ai pas ouï dire que les abus dont je parlais tout-à-l'heure aient excité la même indignation, ni qu'ils aient seulement été remarqués. On les a au contraire rendus plus graves et plus nombreux en achevant de mêler des condamnés d'une espèce si différente. Mais ce qui m'étonne plus encore, c'est qu'une police aussi austère, j'ai presque dit aussi pieuse que la vôtre, et que si peu de chose révolte, contemple avec tranquillité le spectacle le plus révoltant. Comment, monsieur, tous les sentimens naturels ne se sont-ils point soulevés chez vous à l'aspect de l'enfance jetée dans ce repaire presque pêle-mêle avec des êtres exclus de la société; de l'enfance dont toute la faute souvent est dans la misère et dans l'abandon de ses parens; de l'enfance qu'on déprave, qu'on avilit, qu'on abrutit avant qu'elle puisse discerner le bien du mal, et qui ne verra cesser le long sommeil de sa raison que pour s'éveiller au milieu d'un enfer. Ah! monsieur, épuisez sur nous vos sévérités, et prenez pitié d'elle!

J'ai encore une prière à vous adresser au nom de la morale dont la loi naguère vous instituait le vengeur. N'imitez pas, monsieur, ceux de vos prédécesseurs dont la funeste politique tendait

à la misère et au repentir des piéges où il leur
était difficile de ne pas tomber ; sollicitait le crime
lui-même pour le prendre à ses gages ; composait
son armée secrète de scélérats devenus plus in-
fâmes ; donnait souvent à de telles recrues la li-
vrée du pouvoir, et les transformait en officiers
publics, auxquels l'honnête citoyen devait obéis-
sance et respect. Ne cédez pas, monsieur, avec
trop de vivacité, au plaisir de ces conversions
suspectes qui offrent une prime d'encourage-
ment à l'hypocrisie, et peuplent les prisons de
ces petits saints qui, comme l'ermite de Gil-Blas,
sortent de la caverne où ils comptent bien re-
tourner. Lorsque je vois un livre de messe entre
les mains de pareils néophytes, je me rappelle
involontairement ces *heures* dont parle le nouvel
historien de Paris, lesquelles renfermaient un
pistolet en miniature, et sous les apparences de
la dévotion, permettaient à un homme d'en tuer
impunément un autre. C'est bien le cas de s'écrier
avec Jean-Jacques : *Ce grand mot , notre sainte
religion, est presque toujours une sentence de
mort contre quelqu'un !*

Notre sainte religion dans la bouche de la police, ne me rassure pas suffisamment non plus
contre les jeux qui lui sont familiers ; et pour ab-
diquer les priviléges du commandement qu'on y

accepte, il faut une vertu surhumaine, à laquelle vous me permettrez de ne pas croire sans preuves manifestes. Cela vous explique, monsieur, la différence de style que vous pouvez remarquer entre ma première lettre et celle-ci. Alors, même en vous prenant à partie, suivant l'expression de Daguesseau, je n'oubliais pas que vous étiez mon juge. Eussé-je eu le malheur de vivre à cette époque, où pour parler encore le langage de l'illustre chancelier : « On voyait les magistrats se perdre » et s'égarer volontairement dans les chemins » tortueux d'une procédure artificieuse, mar- » -cher avec confiance dans des voies obliques, et » ne montrer qu'ils sont juges que parce qu'ils » possèdent mieux la science d'éluder la justice » et de surprendre la loi (1); » eussé-je eu le malheur de comparaître devant un tribunal com- posé de pareils juges, je n'en aurais pas moins revêtu de toutes les formes du respect l'inno- cence de ma cause; et les personnes auraient dis- paru, pour n'offrir à mes yeux que leurs augustes fonctions. Si les temps ne sont pas les mêmes, notre position respective a également changé : vous avez dépouillé la toge pour ceindre l'épée;

---

(1) Mercuriale sur la dignité du magistrat.

et nous traitons aujourd'hui d'homme à homme, avec une inégalité d'armes cependant qui ajoute beaucoup aux droits de ma défense. Toutefois, monsieur, je vous épargne les accusations et les injures que vos amis prodiguèrent à celui dont vous recueillez l'héritage; je n'imite ni leur violence d'alors, ni leur virulence actuelle contre quiconque leur déplaît; et si on compare les écrits de ceux qui ont tant à se louer de leur situation, et les écrits de ceux qui ont tant à se plaindre de la leur, on nous rendra une justice que déjà vous me rendez sans doute, en vous rappelant que, prisonnier par vous, je subis par vos ordres dans ma captivité même, une nouvelle captivité, et qu'à la mesure qui aggrave ma peine judiciaire vous avez mêlé l'outrage.

Tandis que la pesante main du temps défait avec lenteur les anneaux d'une chaîne forgée pour moi en un jour, vous franchissez sur un char rapide l'espace qui vous sépare encore du sommet de la puissance et du temple de la fortune. Vous êtes sur la route qui mène au ministère: c'est par la préfecture de police que deux de vos collègues y sont récemment arrivés. Si vous y parvenez après eux, oubliez mieux qu'ils ne l'ont fait les premiers essais qui vous auront frayé la voie; oubliez-les pour le bonheur de vos concitoyens. Que je les

plaindrais, monsieur, si vous portiez dans l'administration publique les usages et les maximes
de votre administration secrète! Et pour m'en
tenir à ce que j'ai vu, quel régime que celui qui
serait imité du gouvernement des prisons! C'est
là qu'on façonne des instrumens dociles et d'hum-
bles sujets; là point de lois qui gênent, point de
réglemens qui ne s'interprètent à volonté; là
toute observation est coupable, toute prière est
suspecte; le malheureux qui reste paie pour l'heureux qui s'échappe; l'avocat va rejoindre le client
qu'il a osé défendre; là l'espionnage est en honneur, la lâcheté peut seule prétendre à l'indul-
gence; là on vous isole pour vous garder, on
vous réunit pour vous punir; là, enveloppés dans
un même réseau de responsabilité, tous sont
frappés du coup qui s'adresse à un seul; le même
niveau pèse sur la tête des captifs et des geoliers
qui trouvent d'autres geoliers dans leurs camara-
des; et, au moindre signal, le cachot engloutit
sa proie. Encore une fois, monsieur, je vous en
conjure au nom de notre pays, ministre, ne
vous souvenez jamais que vous fûtes préfet. A ce
prix, les Parisiens et les étudians oublieront
peut-être aussi comment à votre début, im-
patient de l'obstacle que rencontrait votre ar-

deur, vous tranchâtes ce nouveau nœud gordien; et je vous promets d'oublier moi-même, et que vous fûtes mon juge, et le lieu d'où je vous adresse cette épître.

CAUCHOIS-LEMAIRE.

P. S. Cette seconde missive, comme la première, éprouve quelques délais. Mais vous avez l'art de placer vos adversaires sur un terrain où leur défense est forcément aussi tardive que votre attaque est rapide. Au reste, toutes les lettres qui passent le fatal guichet, étant décachetées avant d'être remises à leur adresse, celle-ci vous est sans doute déjà parvenue; et vous avez goûté dans sa primeur ce fruit des amertumes dont vous m'abreuvez. Ma correspondance privée a souvent le même avantage, et il arrive à votre police d'être avant moi dans la confidence de mes propres affaires; c'est donc une bien faible revanche de prendre le public pour confident de nos débats. Qu'il sache du moins, si vous persistez dans la mesure dont je me plains, qué le prisonnier n'a rien fait qui le rende justiciable des lois de la prison; que vous vengez ici votre propre querelle, que vous répondez à l'homme en geolier, et que vous me frappez avec les fers qui m'enchainent. Que le public sache, Monsieur le Préfet, quels sont vos plaisirs, par quelle recherche vous faites contraster avec la personne une peine répugnante même à énoncer, par quel calcul vous doublez mes trois derniers mois de jours sans liberté en y ajoutant trois mois de nuits sans sommeil : heureux cependant, monsieur, dans mes insomnies de ne les devoir ni à mon ambition ni à mes remords!

LISTE

Des douze Jurés dont la majorité a prononcé la condamnation de M. CAUCHOIS-LEMAIRE.

MM.

BEAUVALLET, avocat, rue de la Vrillère, n. 6.

BOURSIER, notaire, rue Grenier-St.-Lazarre, n. 105.

CHEVALIER, sous-chef de la marine, rue Notre-Dame-Nazareth, n. 38.

D'ANGLADE (le comte), propriétaire, électeur, rue du Grand-Chantier, n. 8.

DE BEAU RECUEIL (le comte), conservateur de la Monnaie des Médailles, rue Guénégaud, n. 8.

DELAHAYE, avoué, rue de la Monnaie, n. 26.

DEPUISAYE, sous-chef aux contributions indirectes, rue de Vendôme, n. 8.

DESPREZ, notaire, rue du Four-St.-Germain, n. 27.

DUPARC, référendaire à la Cour des Comptes, rue Ste.-Croix-de-la-Bretonnerie, n. 38.

FRANCHET, propriétaire, électeur, rue des Grands-Augustins, n. 5.

GUIFFRON, propriétaire, électeur, place des Victoires, n. 7.

PAGEAULT DE LISSY, avocat en cassation, rue des Quatre-Fils, n. 4.